AF452443

THEOLOGIE CVRIEVSE.

Contenant là Naissan-ce du Monde.

Auec douze Questions belles & Curieuses sur ce suiet.

Traduittes du Docteur OZORIO, Portu-gais, par le Cheualier de IANT.

A DIION.

Chez PIERRE PALLIOT, Imprimeur du Roy. &c.

M. DC. LXVI.

A
MONSEIGNEVR
MONSEIGNEVR
LE·PRINCE.

ONSEIGNEVR,

Ic ne puis mieux
offrir ces Queſtions

Curieuses, qui trait-
tent de la naiſſance du
Monde , qu'a voſtre
ALTESSE , de qui
les Vertus Heroïques
paroiſſent auec tant de
pompe, & auec tant
d'éclat, dans vne Mo-
narchie, laquelle, ſoit
pour la temperature
de l'air qu'elle reçoit
de ſa ſcituation , ſoit
pour la fertilité de ſes
campagnes, la Reli-
gion , le Courage , la

Ciuilité & la Politesse des mœurs de ses peuples, fait sans contredict la plus belle partie de tout l'Vniuers.

Ie puis adiouster à cette verité, si aduantageuse à la France, que vostre ALTESSE, est vn tout acheué de cette excellente partie du Monde; & il me seroit facile de soustenir, dans la

queſtion qui eſt faite,
touchant ſa perfectiõ,
que poſſedant tant de
hautes qualités, qu'el-
le tient auec ſon ſang,
de ces Illuſtres Ance-
ſtres, ſi le Ciel ne l'a-
uoit pas fait naiſtre,
il y auroit lieu de ra-
battre, de l'opinion
que l'on pourroit auoir
de la perfection de
l'Vniuers, & d'ad-
uoüer, qu'au moins
luy manqueroit-il en

la personne de V. A.
vn grand Prince, le-
quel est vn abregé de
ses plus grands Orne-
més. Mais ne croyant
pas qu'il soit de be-
soin de m'estendre d'a-
vantage sur des veri-
tés, dont les preuues
sont toutes publiques,
pour parler de mon
petit Trauail (si cela
se peut dire sans pre-
sóption) puisque tou-
te la gloire en est deüe

au Docteur Ozorio, Portugais de nation, duquel ie ne suis que le fidel Interprette.

I'oserois aduancer, qu'il n'est point de lecture qui soit plus belle, ny plus diuertissante : aussi Aristote ne iugea rien de plus digne d'estre presenté à Alexandre, que le livre qu'il fit sur le mesme suiet. Quelque agreément que

V. A.

V. A. puisse trouuer
dans celuy-cy, ma sa-
tisfaction sera infinie-
ment plus grande, si
elle me fait l'honneur
de le receuoir, com-
me vn gage, & vne
asseurance du profond
respect auec lequel ie
suis.

MONSEIGNEVR,

de Vostre Altesse

Le tres-humble & tres-
obeissant seruiteur.
LE CH. DE IANT.

TABLE

DES QVESTIONS.

TABLE.

THEOLOGIE
CVRIEVSE.

De l'Eternité du Monde.

QVESTION I.

CETTE que-
stion, sçauoir si
la Terre a tou-
siours esté couuerte de
plantes & d'animaux,

A

la Mer remplie de poiſ-
ſons, l'Air de volatiles,
le Feu r̆eſermé dans les
veines des Cailloux,
& des Rochers ; ſi les
Roſes, les Oeillets, &
les Lys ont touſiours eſté
les richeſſes des parter-
res, & des iardins ; ſi
les Riuieres s'eſloignãs
de leur ſource, comme
de leur priſon, ont ſans
ceſſe roulé leurs eaux
dans le ſein de la mer ;
ſi le Soleil & la Lune,

ſi les autres Planetes,
& vn nombre preſque
infiny d'Eſtoiles que
nous voyons meſler a-
grēablemēt leur or par-
my l'azur des voutes
Celeſtes, où elles ſont
pendātes & attachées,
ont touſiours continué
leurs cours & leurs fon-
ctiōs. Enfin ſi le Mon-
de compoſé du Ciel, &
de la Terre, & de tout
ce qui eſt contenu dans
leur enceinte, n'a point

eû de commencement, & s'il a esté de toute Eternité : C'est sans doute la plus haute question, qui puisse regarder la Nature, sur laquelle les anciens Philosophes ont esté partagés, les uns ayans tenu le pour, & les autres le contre.

Aristote de qui l'esprit à brillé de ces hautes lumieres, qui découvrent les plus rares se-

crets de la Nature, est
pourtant tombé dans cet
aueuglement, d'auoir
pris l'affirmatiue sur
cette question, ayant
soustenu que le Monde
n'auoit iamais eû de cõ-
mencement, & qu'il à
subsisté durant toute
l'Eternité : son senti-
ment ne l'a pas toute-
fois empesché, de faire
iustice à l'opinion con-
traire, laquelle il à re-
connuë dans le liure de

ſes Topiques , ne man-
quer point de vray ſem-
blance , ny de probabi-
lité , ayant qualifié la
queſtion de l'Eternité
du Monde , vn Pro-
bléme dialectique. Il eſt
important de rapporter
vne remarque que fait
St. Auguſtin ſur ce ſu-
jet , parmy les Philoſo-
phes qui ont ſouſtenu
l'Eternité du Mõde, les
vns ont auancé que le
Monde auoit éternelle-

Lib. 2.
de Civ.
Dei cap.
4. & li.
4, cap.
31.

ment existé, & subsisté
de luy même, sans estre
redeuable à Dieu ny de
son estre, ny de l'Eter-
nité de sa durée; les au-
tres par vn sentiment
plus respectueux ont a-
uoüé que le Monde n'a-
uoit pas-receu de Dieu
le commencement de sa
durée, mais seulement
le commencement de sa
creation, & comme cet-
te difference d'vn com-
mencement à l'autre est

A iiij

sans doute fort difficile à comprendre, ils se sont donnés à entendre, en faisant vne supposition qui consiste à s'imaginer que de toute Eternité, il y à eû vn pied planté dans la poussiere ; cela supposé (disoient ces Philosophes, au rapport du méme St. Augustin) il y aura pareillement vne trace, & vn vestige qui aura tousiours esté imprimé, sur

Simili-
tude in-
uentée
par les
anciens
Philo-
sophes
pour ex
pliquer
l'Eter-
nité du
Monde.

la poudre par le pied,
de méme (concluoient
ils) le Monde comme
vne impreſsion éternel-
le de la main de Dieu
éternel qui l'à crée, n'a
point eû de commence-
ment, & à eſté de toute
Eternité.

Ces raiſons, auec les
ſolutions, & les reſpon-
ces que St. Thomas à
données, aux plus forts
argumens, qui ſe puiſ-
ſent faire, contre l'E-

ternité du Monde, ont obligé ce grand Docteur à dire, que l'on ne pouuoit pas prouuer claire-ment, & demonstrati-uement, que le Monde auoit pris commence-ment, mais que c'estoit vn article de foy, ayant toutefois adiouté que cette créãce auoit beau-coup de vray semblan-ce, & de probabilité, dont nous allons dedui-re les raisons.

Mundũ in capisse est credibile non autem demõstrabile, vel scibile D. Thomas 1. Parte Summæ quest. 46. att. 2.

La principale, pour faire voir que le Mõde n'a point eû une exiſtence, ny une durée éternelle, ſe prend de ce que les choſes les plus anciennes que les Poëtes, & les Hiſtoriens Payens nous racontent, les lettres, les figures des lettres, & generallement tous les monumens qui peuuent faire foy de quelque antiquité, non ſeulement ne

Raiſon qui détruit l'Eternité du Monde.

ſont pas auſsi anciens que le Monde ſelon le temps de la Creation, & de la naiſſance, que luy donne la Sainte Eſcriture, mais non pas méme autant que le déluge de Noé, ce qu'il eſt aiſé de faire voir par l'inductiŏ ſuiuante.

Beroſe Chaldeen de nation lequel on eſtime auoir compoſé la plus ancienne de toutes les Hiſtoires, n'a commen-

Beroſe au rapport de Ioſephe au 1. liure de ſes Antiquités Iudaiques

cé qu'au Deluge, au rap-
port de Josephe. Trogus
Pompeius dont Justin
à fait l'epitome ; prenāt
de loing l'origine des
choses qu'il à écrites, ne
commence qu'a Ninus,
lequel mille neuf cens
ans apres la creation du
monde, fut le fonda-
teur de la premiere de
toutes les Monarchies,
qui à esté celle des As-
syriens. Denis d'Hali-
carnasse selon le témoi-

estoit P estre & No-taire public qui vi-uoit a-uant le regne d'Alex-andre, dans vn temps auquel il n'y a-uoit que les Prestr s qui fuf-fent em-ployés pour faire les An-nalesde leur na-tion. Au liu. 1. con-tre Ap-pian.

Libro
IX. de
prapara-
tion. E-
uangel.
cap. 4.

gnage d'Eusebe, assure qu'il n'est rien dans toute la Grece d'aussy ancien que les mémoires d'Argos qui commencent à l'administration d'Inachus : qu' Achusilas, Phoronis & d'autres Autheurs ont vanté vn certain nommé Phoroneus, pour le plus

Inachus au rapport de S. Augustin cōmença à regner dans la Ville d'Argos en Thessalie la mesme année que la femme d'Isaac accoucha de deux iumeaux. Cette Monarchie d'Argos dura 544. ans sous 14. Roys. Phoroneus est renommé dás l'Histoire pour le premier & plus ancien Legislateur qui ait iamais esté, il viuoit enuirõ l'an du Monde 2138. en la 20. année du Regne d'Armemetre 8. Roy des Assyriens.

ancien de tous les Mor-
tels. Marc Caton tres-
zelé deffenseur de l'an-
tiquité, dans son Hi-
stoire, ne recōnoist rien,
qui soit de plus ancien-
ne memoire, que le de-
luge qui arriua sous le
Regne d'Ogyges. Or il
est certain qu'Inachus,
Phoroneus, & Ogyges
ont esté contemporains
du Patriarche Iacob,
& il est a remarquer,
que tout ce que les Grecs

ancien de tous les Mor-
tels. Marc Caton tres-
zelé deffenseur de l'an-
tiquité, dans son Hi-
stoire, ne recōnoist rien,
qui soit de plus ancien-
ne memoire, *Ogyges fut fon-dateur & Roy de Thebes en-uiron l'an du monde 2129.* que le deluge qui arriua sous le
Regne d'Ogyges. Or il
est certain qu'Inachus,
Phoroneus, & Ogyges *Iacob viuoit enuirō l'an du mōde 2138. se*
ont esté contemporains
du Patriarche Iacob,
& il est a remarquer,
que tout ce que les Grecs

ont laissé par escrit , de leurs hommes Illustres, de leurs Heros, & de leurs Dieux, soit fabuleux, soit veritable, n'est arriué , ou n'a pû estre feint estre arriué, qu'apres Cecrops , lequel estoit comtemporain de Moyse.

Enfin Belus de qui la commune opinion est , que le culte des Idoles a pris son origine, fut pere de Ninus Roy des

Aſſyriens , ſous le regne ou pendant la vie duquel Abraham prit naiſſance.

Platon dans ſon Timée & dans l'Atlantique, Ariſtote dans le premier liure des Meteores, & Theophraſte au rapport de Philon pour preuenir cette obiection, qu'ils voyoient bien, que l'on feroit contre l'Eternité du Monde, reiettent ce

B

manquement de me-
moires, qui ſoient plus
Anciens, que ceux qui
nous reſtent de l'anti-
quité, ſur des deluges &
des inondations genera-
les, & ſur des embra-
ſemens, qu'ils diſent ar-
riuer a certain temps
prefix, & determiné,
leſquels ont aneanty la
memoire des Peuples,
auec celle de leurs acti-
ons, d'ou il eſtoit arriué,
que les Arts liberaux,

& les Mecaniques ,
les lumieres & les in-
structions , que les Sie-
cles posterieurs auoient
des opinions des Scauãs,
qui les auoient precedés,
sur les obiects des scien-
ces , & vne quantité
d'inuentions de l'esprit ,
& de la curiosité des
hommes , auoient pery,
& repris naissance vne
infinité de fois. Mais
n'en déplaise a ces grãds
Philosophes il y à trop

*de temerité a inuenter,
comme ils ont fait, tous
ces pretendus Deluges
& embrazemens, pour
y pouuoir adiouster foy.*

De l'Aage du Monde, & còmbien de temps il y à qu'il dure.

QVESTION II.

APRES auoir prouué par des raisons capables de conuaincre tous les Esprits raisonnables, que le Monde auoit pris commencement, & qu'il n'auoit point esté de toute Eternité, il n'eſt pas hors de propos , de rechercher ſon âge & ſon antiquité. *Varron* qui fut autrefois eſtimé le plus Docte & le plus Sage de tous les Romains, dãs le liure qu'il a fait de l'origine du Monde , ainſi que le rapporte *Cenſorinus* , a partagè ſa durée en trois partie ; la premiere cõprend le temps qui s'eſt eſcoulé depuis la Crea-

Opiniõ de Varron.

tion, iusques au Delu-
ge, dont-il dit qu'il est
impossible de pouuoir
faire le calcul supposé
que le Mõde soit eter-
nel, ou non. Car s'il a
esté de toute Eternité,
le nombre des Années
qu'il a duré est infiny,
& partant incompre-
hensible à l'esprit de
l'homme, & quand
mesme on demeureroit
d'accord qu'il auroit
pris commencement, au-

moins dit cet Autheur,
ne ſcauroit-on rendre
vn bon compte des an-
nées qui ſe ſont paſſées
dans la premiere par-
tie de ſa durée : il n'en
eſt pas de méme de la
ſeconde , laquelle s'e-
ſtend deſpuis le Delu-
ge , iuſques à la pre-
miere Olympiade ; de
laquelle on pourroit rĕ-
dre vn aſſés bon comp-
te , fondé ſur de proba-
bles coniectures ; Et

&

& pour ce qui est de la troisieme partie de l'âge ou de la durée du Mõde, laquelle Varron prenoit depuis la premiere Olympiade, iusques-a l'annee en laquelle il écriuoit cela mesme, il témoigne faire estat d'en pouuoir faire vne supputation fort exacte.

S'il est dans l'Affrique des contrées fecondes en Monstres d'Animaux, l'Egypte qui

C

Egyp-
tiens
men-
teurs.

en eſt la voiſine, n'abon-
de pas moins en Mon-
ſtres, & en prodiges de
menſonges, & de ſup-
poſitions ; ſes peuples
auſsi bien que les Chal-
déens, pour établir vne
antiquité incroyable de
leurs nations, ont con-
trouué à plaiſir, ſelon
le témoignage qu'en ren-
dent Diodore, Pompo-
ne Mela, & Laërti-
us, vn prodigieux nom-
bre de ſiecles, ayans eû

la temerité d'auancer,
que depuis que les E-
gyptiens font au Mon-
de, les Aftres ont ache-
ué leurs cours, par qua-
tre diuerfes fois, & que
pareillement le Soleil
par deux fois à fait fon
Couchant, du lieu qui
eft prefentement fon
Orient; que les Roys des
Egyptiens dont le nom-
bre auoit efté compofé
de Dieux & d'Hom-
mes, ont regné foixante

dix mille annees, depuis le commencement de leur Monarchie, iuſques-au Regne de Ptolomée pere de Cleopatre, & qu'il y auoit plus de cent mille ans que l'Egypte poſſedoit la connoiſſance des Aſtres.

Mais pour faire voir quelle foy il faut adiouſter aux impoſtures de ces peuples, on n'a qu'a faire reflexion ſur la lettre dont St.

Cyprien & St. Augu-
ſtin ont fait mention ,
qui fut écrite par Alex-
andre a ſa mere Olym-
pie ; par laquelle ce
Prince luy faiſoit ſça-
uoir , qu'vn Preſtre
Egyptien l'auoit aſſeu-
ré que dans les Anna-
les des Egyptiens , ſe
treuuoient l'Eſtat, &
les memoires des Roy-
aumes , & qu'il y eſtoit
porté par exprés que la
Monarchie des Aſſy-

S. Cy-
priã li-
bro de
Idola-
tria.
Auguſt.
lib 12.
de Ciu.
Dei ca-
pit. 10.

Lettre
d'Alex-
andre à
ſa mere
Olym-
pie.

riens auoit duré plus de cinq mille ans, & que celle des Perses & des Macedoniens deuoit durer plus de huict mille. Ce qui est vne manifeste imposture contraire à ce que les Historiens Grecs & Latins ont escrit de la Monarchie des Assyriens, a laquelle ceux qui ont donné la plus longue durée, ne l'ont faite que de mille trois cens & soixante années, depuis *Ninus* qui en fut le premier Roy, iusques à *Sardanapale* qui fut le dernier. Et pour ce qui est de la Monarchie des Macedoniens, à compter depuis son commencement, iusques à la mort d'*Alexandre*, il ne se trouuera pas, qu'elle ait duré plus de cinq cens ans:

Il y auroit pourtant lieu d'excuser le calcul

Orose 1360. laquelle Monarchie fut detruite par les Medes.

La Monarchie des Perses dura 240. ans.

Durée de celle des Macedoniens.

excesif de ces peuples,
s'il est vray ce que Var-
ron, Diodore le Sicili-
en, Pline, Solin & Cé-
sorinus, ont écrit, que
les années des anciens
Egyptiens estoient bien
plus courtes, que ne
sont pas les nostres, ayãs
en divers temps pris
quatre mois, trois, deux,
voire méme un seul
mois pour une année
entiere: & Diodore as-
sure que dans la refle-

Les E-
gyptiés
ont côp
té les
années
suivant
le cours
de la
Lune.

xion qui fut autrefois
faite sur ce que l'on
trouuoit dans les me-
moires, & dans les dat-
tes de l'antiquité , que
les Roys de certaines
nations , auoient regné
chacun douze cens ans,
des regnes de si longue
durée surpaßent toutes
sortes de croyance. L'on
estoit demeuré d'accord,
que ces peuples n'ayans
pas encor reconnû le
cours du Soleil , auoient

meſuré les années, par celuy de la Lune, lequel n'eſt que d'vn mois: de ſorte qu'ayant égard à cette maniere de ſupputer; poſsible ſeroit-il vray de dire, que les Egyptiens & les Chaldeens n'auroient rien écrit qui ne pût eſtre arriué.

Cherchons donc de plus iuſtes meſures de la durée du Monde, parmy les eſcriuains

Sacrés ; & sans nous
attacher à aucune opi-
nion particuliere , dans
vne si grande multitu-
de , & confusion , di-
sons que despuis le com-
mencement du monde,
iusques-au deluge il y à
mille six cens ans, sui-
uant la supputation des
Hebreux , & selon cel-
le des septante Inter-
pretes , deux mille
deux cens quarente
deux : du Deluge ius-

ques-à Abraham deux
cens nonante deux se-
lon les Hebreux, & se-
lon les septante, neuf
cens quarente deux :
d'Abraham à Dauid,
neuf cens quarĕte deux:
de Dauid iusques-à la
Captiuité du peuple
d'Israël dans la Ville
de Babylone, quatre cĕs
quatre vingt cinq : des-
puis la sortie de cette
Captiuité, iusques-à
la naissance de Nostre

Seigneur Iesus Christ,
cinq cens quatre vingt
neuf. Ie n'ignore pas
qu'il n'y ayt beaucoup
de supputatiõs de la du-
rée du Monde scachãt
bien qu'vn bon Autheur
en à remarqué iusques
à trente toutes diffe-
rentes, il me suffira de
decouurir icy les prin-
cipaux chefs, sur les-
quels les Chronologistes
sont en dispute, premie-
rement sur le nombre

Sixtus
Senens.
Lib. 5.
Bibliot.
Sanctæ.

Causes
des dif-
ficultés
qui se
trouuét

en la Chro-nologie des années, qui se sont écoulées, depuis la creation du Monde, iusques à la naissance d'Abraham, les Hebreux n'en comptent, que mille neuf cens quarente huict; au lieu que nos Latins, auec les septante Interpretes Grecs, en mettent deux mille trois cent quatorze, qui sont trois cens soixante six ans d'auantage.

En second lieu, quel-
ques vns suiuãt la nar-
ration de St. Luc, &
des septante Interpre-
tes, soûtiennent que du
deluge, iusques à la
naissance d'Abraham,
il y a trois cens vingt
& deux ans: d'autres
se tenans à la supputa-
tion des liures Hebreux,
& Latins restreignent
ce temps à deux cens
nonante.

En troisiesme lieu, on

l'Aage
dans le-
quel es-
toit
Tharé,
lors
qu'il en
gendra
son fils
Abra-
ham.

ne demeure pas d'ac-
cord en quelle année de
son âge Tharé engendra
son fils Abrahã, si ce fut
en sa soixante & dixié-
me année comme c'est la
plus commune opinion,
laquelle se tire du XI.
Chapitre de la Genese,
ou bien en l'âge de cent
trente ans, qui est vne
coniecture, qui n'est pas
mal fondée sur d'autres
passages de l'Escriture.

Incerti-
tude de

Quatriémement, il y
à bien

a bien de l'embarras à establir vne Chronologie certaine du temps de Moyse, à celuy de Dauid.

Cinquiémement, il n'y en a guere moins à trouuer le commencement & la fin des soixante dix années de la Captiuité de Babylone.

Sixiémement, l'Escriture Sainte, ne marquant pas le temps qui s'est passé dans l'inter-

l'interualle de Moyse à Dauid.

Incertitude ou prendre le commencement & la fin de la Captiuité de Babylone.

Incertitude de l'interualle de la deliurance de cette capti-

uitéiuf-
ques à
la naiſ-
ſance
de No-
ſtre Sei-
gneur.

ualle de la deliurance de cette captiuité & de la naiſſance de Noſtre Seigneur , il a fallu fouiller dans les ſources prophanes de l'Hiſtoire Payenne . dont les Autheurs ayans eû des ſentimens & des opinions differentes , il eſt euident qu'il n'eſt pas poſſible d'eſtablir vne ſupputation, & vne Chronologie , qui ne ſouffre point de contredit. C'eſt ce qui a fait dire à St. Thomas, que c'est vn article de foy de croire, que le Monde a pris son commencement, mais qu'on ne pouuoit rien auancer de certain & d'assuré touchant le temps, depuis lequel il dure.

Parole notable de Saint Tomas.

D ij

De la saison de l'Année en laquelle le Monde à esté créé.

QVESTION III.

1. Opinion.

IL y a deux opinions principales sur ce suiet : La premiere veut que ce soit le Printemps, qui ait eû cet auantage, d'estre le cõtemporain du Monde, lors que Dieu le tira du neant, & que c'est en cette belle saison qu'il a esté crée. Les Poëtes anciens, & les Astrologues, ont esté dans ce sentiment, qui a esté suiuy par presque tous les Peres de l'Eglise qui en ont écrit, lesquels ont fondé leur coniecture, sur le commandement que Dieu fit à la Terre, lors de la Creation, de pousser de l'herbe verdoïante, & des

1. Opi-
nion
que le
Monde
à esté
crée au
Prin-
temps.

D iii

*Arbres portants fruits.
Or disent-ils, la saison
la plus propre pour cet-
te fecondité, c'est sans
doute le Printemps le-
quel pour auoir vne cha-
leur & vne humidité
temperée, aide merueil-
leusement à toute sorte
de generations, tant des
Plantes, que des Ani-
maux; au lieu que l'Au-
tomne estant froide, &
séche, reserrant la fe-
condité de la Terre, fai-*

ſant tomber les fruits,
& les feüilles des Ar-
bres, & preſque toutes
choſes dans l'aneantiſ-
ſement, leur oſtant la
force, & la vigueur,
eſt ſans doute pluſtoſt la
mere de la corruption,
que de la generation :
voila ce qu'il y à de plus
fort pour cette premiere
Opinion ; laquelle on
taſche encore de forti-
fier, par quelques rai-
ſons de conuenance &

de bien seance, qui re-
queroit que le premier
Adam, & le second,
qui est Jesus-Christ, fussent formés en mesme
temps, & que le Mon-
de fut crée & reparé
dans la mesme saison.
Or il est constant, que
c'est au Printemps que
Iesus-Christ à comancé
d'estre formé dans les
chastes entrailles de sa
Mere, & que le Mon-
de a esté reparé, & r'a-
cheté

chepté par ſa paſſion ;
d'ou l'on preſume qu'A-
dam a eſté formé, & le
Monde crée dans la
meſme ſaiſon.

La ſeconde Opinion
attribuë la naiſſance du
Monde, a l'Automne,
& quoy qu'elle n'ait pas
vn auſſi grand nombre
de partiſans, que la pre-
miere, elle ne laiſſe pas
d'eſtre établie ſur des
raiſons pour le moins
auſſi ſolides, dont l'v-

E

2. Opi-
nio que
le Mon-
de à eſ-
té crée
dans
l'Autó-
ne.

Raiſõ
tirées de
l'Eſcri-
ture.

ne se tire de l'Ecriture
Sainte , au Chapitre 12.
de l'Exode auquel lieu,
Dieu en memoire du
bien fait , d'auoir reti-
ré le Peuple Hebreu de
la seruitude des Egyp-
tiens, dans la saison du
Printemps , commande
à Moyse de commancer
desormais l'année par
le mois nommé Nisan,

Conse-
quence
mal fon
dée.

lequel répond au Prin-
temps ; d'ou l'on tire cette consequence, que c'est

vne marque euidente,
qui auant ce commande-
ment, les Hebreux a-
uoient couſtume, de cõ-
mencer l'ãnée par l'Au-
tomne, autrement, il
n'eût pas eſté beſoin, que
Dieu leur eût donné
vn ordre exprés pour
vne pratique qui eſtoit
auparauant obſeruée
parmy ce Peuple, de la-
quelle on rend cette rai-
ſon, que ſans doute il deuoit eſtre perſuade que

E ij

le *Monde* auoit com-
mancè en cette saison là;
a quoy l'on adiouste en-
core cette reflexion , que
le *Deluge* estant arriué
au second mois de l'an,
appellé par les *Hebreux*
Marsonale , lequel ré-
pond partie au mois
d'*Octobre* , partie a celuy de *Nouembre* (car
les *Hebreux* auoiẽt ain-
si reglé leurs mois) au-
quel temps l'Escriture
dit que *Noé* auoit at-

taint l'âge de six cens
ans, c'eſt vne forte preuue qu'auant Noé, en
remontant iuſques-à A-
dam, l'année auoit tou-
ſiours cõmancé en Au-
tomne, & partant que
c'eſt en cette Saiſon que
le Monde à eſté crée.

Il y a vn autre paſ-
ſage de l'Eſcriture, qui
ne fortifie pas peu cette
ſeconde opinion, au 22.
Chapitre de l'Exode
Dieu commande à ſon

Le moč
d'Exo-
de eſt
Grec,
qui ſig-
nifie ſor
tie & ce
liure de
Moyſe

est ainsi appellé, parce qu'il y est principalement fait métion de la deliurance & sortie hors la colonie du peuple de Dieu hors de l'Egypte-

Peuple, de celebrer la feste des Tabernacles, sur la fin de l'année, apres auoir fait toutes ses recoltes. Et dans le 34. Chapitre du mesme liure, Dieu reïterant le mesme commandemĕt, luy ordonne de faire cĕtte solemnité, dans le temps que l'on serre tous les fruits, l'année estãt preste a recommencer; par ou il est aisé de voir, que l'Automne pendãt

laquelle l'on fait les recoltes, est appellée dans
l'Escriture, la fin de
l'année, & le commen-
cement de la suiuante.
En effet à bien consi-
derer l'ordre de la na-
ture, & de la genera-
tion des choses naturel-
les, les sens mémes sont
les iuges de cette veri-
té, que l'année finit en
Automne. Que veullét
donc dire ces fruits que
l'on ceüille sur les Ar-

La fin
& le cõ-
mence-
ment
de l'an-
née se
trouuét
dans
l'Autõ-
ne selon
l'Escri-
ture.

bres, les feüilles qui en
tombent, les moiſſons ab-
batuës, les vendanges
& les vins que l'on fait
pour la prouiſion ? que
l'Automne ſoit pareil-
lement le commence-
ment de l'année ſuiuan-
te, il eſt aiſé d'en eſtre
perſuadé, en cõſiderant
que c'eſt en ce temps
là que l'on iette les ſe-
mences des grains dans
la Terre, ou elles pren-
nent racine pour s'eſle-

uer par succession de
temps , & se charger
d'vne riche moisson ; ce
qui répond fort bien à
la generation , qui se
fait dans les entrailles
des animaux , de sorte
que l'Automne semble-
roit plustost conuenir au
premier âge du Mon-
de, que non pas le Prin-
temps , qui auroit plus
de rapport à sa ieunes-
se & à son adolescence.

La derniere raison ,

dont on appuye cette se-
conde Opinion se prend
de l'estat , auquel le
Monde estoit lors de sa
naissance , & puisque
l'Escriture nous apprēd
que le troisiesme iour,
Dieu commanda à la
Terre de produire de
l'herbe, & des arbres
chargés de fruits, il n'y
à point de lieu de dou-
ter, que ces fruits ne
fussent meurs, & pro-
pre pour la nourriture

de l'homme, & des ani-
maux. Aussi Moyse
rapporte qu'Eue voyant
que le fruict de l'arbre
deffendu estoit beau à
voir, elle en ceüillit &
en mãgea. Or cet agréa-
ble spectacle de tant de
sortes de fruits meurs
pendans aux arbres du
Paradis Terrestre, ne
represente-t'il pas le
temps de l'Automne qui
donne la maturité aux
fruits, au lieu que le

Printemps ne fait que les éclorre & épanoüir leurs fleurs, laiſſant faire le reſte aux autres ſaiſons ; l'on peut repliquer, que comme ce fut un miracle de la puiſſance de Dieu, de faire pouſſer en un moment à la terre, des arbres chargés des fruits meurs, il à pû faire cette merueille au Printemps, auſſi bien qu'en l'Autōne, cela eſt vray, c'eſt pourquoy, y ayant des raiſons de part & d'autre, & l'Eſcriture ne diſant rien de formel, ny d'expres ſur la ſaiſon, en laquelle le Monde fut crée, la conſcience n'eſt point liée, & l'on eſt libre d'en croire ce que l'on voudra.

On eſt libre de croire ce que l'õ voudra du temps auquel le Monde à eſté crée.

De l'vnité du Monde & de la pluralité imaginée par certains Philosophes.

QVESTION IV.

OVY *Metrodore, Anaximandre, Anaximè: Archelaüs, Aristarque, Xenophanes, Diogenes, Leucippe, Epicure, & Anaxarque, ont crû qu'il y*

auoit plusieurs Mon-
des, & Plutarque rap-
porte que ce dernier
Philosophe discourant
en la presence d'Alex-
andre de l'infinité des
Mondes, ce Prince cõ-
querant se prit à pleu- ^{Larmes d'Ale-andre.}
rer, & comme ce Phi-
losophe luy eût deman-
dé, s'il auoit quelque
deplaisir, ou si quelque
accident luy estoit arri-
ué, il répondit qu'il a-
uoit bien suiet de pleu-

rer, puis qu'il entendoit dire qu'il y auoit vne infinité de Mondes, & qu'il ne s'estoit pas encore rendu le Maistre d'vn seul.

La raison qu'apportoit Metrodore, pour prouuer cette infinité de Mondes, est bien plus agreable, que solide ; côme ce seroit chose ridicule (disoit ce Philosophe) que dans vn grand champ il ny eût

Raison de Metrodore plus agreable que solide.

qu'vn

qu'vn seul épy, aussi ne
seroit-t'il pas biẽ seant,
que dans l'enceinte d'vn
espace infiny qui pût
contenir vne infinité de
Monde, il n'y en eût
qu'vn seul.

Pour moy ie ne puis
me persuader, que ces
Philosophes, ayent en-
tendu autre chose, par
cette infinité de Mon-
des, sinon qu'il y auoit
vne grande quantité dè
contrées esloignées, &

Opiniõ de l'Au-theur touchãt cette plura lité de Mõdes.

inconnuë, differentes en mœurs, en religion, en couleur de corps, en langues, en habits, & autres chofes femblables : ce qui toutesfois n'a pû obliger Platon à fouftenir cette plura-lité de Mondes, Ce Philofophe ayant enfei-

Raifons de Pla-tõ pour preuuer l'vnité du Mõ-de.

gné au contraire, qu'a-fin de pouuoir dire que le Monde eft parfait il falloit comprendre fous fon nom, generale-

ment toutes les Creatu-
res;autrement il n'y au-
roit point de Monde qui
pût estre appellé parfait :
il alleguoit encore cette
autre raison de cette v-
nité, qu'il estoit conue-
nable que le Monde ré-
pondit à son Prototype,
& à son exēplaire intel-
ligent, & que comme il
n'y à qu'vn Dieu &
vne seule premiere
cause, il n'y eut aussi
qu'vn seul Vniuers.

Nous pouuons dire
encore qu'il n'y à qu'vn
seul Vniuers, tant à cau-
se de la subordination,
qui est entre les causes,
que l'on appelle effici-
entes, en vertu de la-
quelle les choses sublu-
naires sont soumises &
dependent des corps Ce-
lestes, ceux cy des in-
telligences qui les gou-
uernent, & les in-
telligences de Dieu
qu'à cause de l'accord

& de l'harmonie, auec laquelle toutes choses conspirent, au bien commun de l'Vniuers, & enfin à cause de l'ordre qui est entre toutes les Creatures par vn effect duquel, d'vn cõmun concert, comme des Soldats d'vne mesme armée, elles sont voüées au seruice, & à la gloire de leur Chef, qui est Dieu, auquel elles tendent chacune en leur maniere, comme à la derniere fin de toute la nature & au souuerain bien.

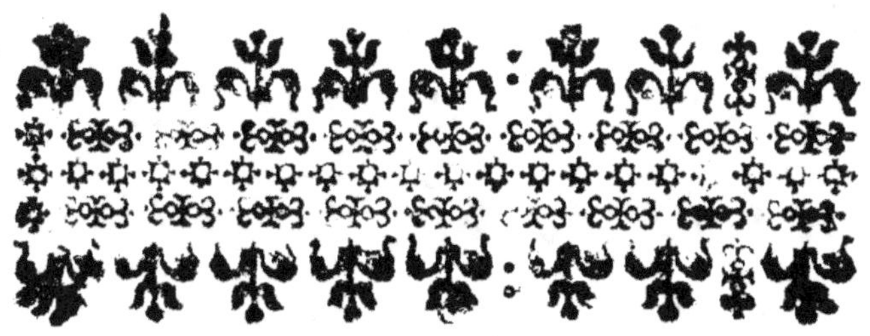

De la perfection du Monde.

QVESTION V.

IL semble que ce soit une demande peu Religieuse, & qui choque la toute puissance de Dieu, de qui le Mõde est l'ouurage ; mais sauf le respect qui est

deû à cét ouurier éter-
nel, & incomparable ;
qui donne à ses Creatu-
res, tel degré de perfe-
ction que bon luy sem-
ble. On pourroit soûte-
nir, que les Monstres,
que l'on void dans
le Monde, sont des im-
perfections, & des de-
formités de la nature,
que tant de plantes
venimeuses, tant d'es-
pines, & tant de ha-
liers, ne peuuent qu'af-
foiblir

foiblir & alterer d'au-
tant plus la perfection
de cet Vniuers , que
l'homme pour le serui-
ce duquel toutes cho-
ses ont esté crées , n'en
pût receuoir, que du mal
& du dommage.

L'on répond qu'il est
de beaux Monstres, &
que s'il en est de diffor-
mes , & de hideux ,
ils seruent comme les
ombrages, & les cou-
leurs les plus obscures

Les mõ
stres uy
les mau
uaises
plantes
ne di-
minuét
pas la
perfec-
tion du
monde.

G

que l'on void dans les
Tableaux, à releuer la
beauté & le lustre des
choses les plus esclatan-
tes: les Plantes qui nui-
sent aux hommes, pro-
fitent aux animaux,
comme la ciguë qui en-
graisse les trouppeaux,
& les herbes, que l'on
croit quelque-fois estre
les plus venimeuses, ne
laissent pas d'auoir des
vertus secretes tres pro-
fitables à l'homme, ainsi

que nous aprenons de
Pline , & des autres
Naturalistes , qui en
en font le denombremẽt.
Au reste Dieu à don-
né la prudence aux hõ-
mes, pour se donner de
garde des choses qu'ils
ne connoissent pas bien,
& dont ils eussent eû
vne connoissance tres-
parfaite, si Adam, de
la sciẽce infuse, duquel
ils deuoient heriter, eût
perseueré dans l'estat

d'innocence.

L'on demande ſi Dieu a crée la roſe ſans eſpines, & au cas qu'Adam n'eût point peché, s'il y eut eû dans le Mõde tant d'herbes contraires à la vie & à la ſanté des hommes. St. Baſile à crû que Dieu avoit crée la roſe ſans eſpines, & ce Pere avec Saint Auguſtin eſtime que Dieu ne fait produire à la Terre, les

La roſe n'a pas eté crée ſans eſpines quoy qu'en diſent St. Baſile &S. Auguſtin. Baſil. hom. 5. in Hex. Auguſt. lib. de Geneſi contra Manicheos c. 13. Idem lib 3 de Gen. ad litt. c. 18.

eſpines, & tant de me-
chantes plantes, qu'en
punition du peché d'A-
dam : Mais ce grand
Docteur s'eſt veu obligé
de retracter ſon opinion
par la raiſon que nous
auons cy deſſus touchée,
que ce qui n'eſt bon à vn
vſage, eſt bon a l'autre,
& que c'eſt en cette
multitude, & en cette
varieté d'eſpeces de
plantes, & d'Animaux,
que conſiſte la perfectiõ,

Retra-
ctation
de St.
Augu-
ſtin, au
3 liure
de Gen.
ad litt.
cap, 18.

Excel-
lente
compa-
raiſon
d'Ariſto

se lib.
de Mun
do ad
Alexan
drum.

& la beauté du Mon-
de, les especes au iugè-
ment d'Aristote, estans
comme des nombres que
l'on ne sçauroit retran-
cher sans troubler l'or-
dre, & la liaison natu-
relle, qui est entre eux :
& St. Basile s'est trom-
pé dans le sentiment
qu'il à eû touchant les
espines des Roses ; le
propre de la Rose ; est de
naistre auec des espines,
quand bië mesme Adã

n'eût point peché, elle
n'auroit pas laiſſé d'en
auoir, ny la terre de
porter des halliers, &
des buiſſons ; la raiſon
eſt que l'offence d'Adã,
n'a rien changé de la
nature des choſes, non
pas meſme de la nature
de l'homme.

Pour eſtre conuain-
cu de la perfection du
Monde, il ne faut que
ietter les yeux ſur ſa
ſtructure, & ſa compo-

sition, il est composé de
sustances spirituelles ,
qui sont les Anges, &
de substances corporel-
les , tant célestes que
terrestres , de corps
mixtes , & de simples,

d'animaux raisõnables,
qui sont les hommes ,
& d'irraisonnables, que
nous appellons brutes.

N'y ayant point d'es-
pece de Creatures , qui
puisse enfermer en el-
le seule, toutes les per-

fections, & pour cette
raison estant necessaire
qu'il y ait plusieurs es-
peces ausquelles ces
perfections soient distri-
buées, auec certaine
mesure, & en certain
degré, qu'est-t'il de plus
beau, que de remarquer
la varieté & l'inegali-
té de ce partage, dans
l'Vniuers, où nous voy-
ons les especes monter
comme par certains de-
grés, les mixtes estre plus

parfaits que les Ele-
mens , les plantes sur-
passer les metaux, les
brutes surpasser les plā-
tes , les hommes l'em-
porter par dessus les
brutes, & enfin les An-
ges par dessus les hom-
mes.

Varieté de qua-lités es-sentiel-les.   Il y à encore une autre varieté qui se ren-
contre parmy tant de
differentes sortes de
Creatures , car nous
voyons que parmy les

élemens , il en eſt de le-
gers & de péſans , d'é-
leués , & de bas , de
chauds, de froids, deſecs,
& d'humides. Il eſt des
metaux obſcurs & ter-
nis , de reluiſans, & dé-
clatans, il en eſt de pre-
cieux, & de vils; parmy
les plantes & les arbres,
il ne ſe trouue pas vne
moindre difference. Il
en eſt qui naiſſent dans
les Villes , les autres
dans les Foreſts , on en

voida dedans, ou ſur le
bord des eaux, d'autres
n'ayment point le ma-
reſcage, il en eſt qui
rampent à terre, &
d'autres qui éleuent
leurs teſtes vers les nuës
qui portent des fleurs,
& qui n'en portent
point. Parmy les ani-
maux, il en eſt de ter-
reſtres, & d'aquati-
ques, de volatiles, &
à quatre pieds, & de
reptiles, & outre ces

differences generales ,
encore se trouuent ils
distingués , par d'autres
qualités , & proprietés
particulieres.

Enfin comment pou-
uoir disputer à l'Vni-
uers sa perfection, puis-
qu'il est composé de cho-
ses qui sont toutes par-
faites, n'y ayant pas v-
ne espece , qui ne posse-
de toutes les qualités ,
& proprietés requises ,
à son essence , & à sa

*nature ; sans doute
Dieu pouuoit créer des
Aſtres, & des Eſtoil-
les , plus grandes , &
plus éclatantes, & plus
de Cieux, qu'il n'en à
creés ; il pouuoit tirer le
monde du neant plutoſt
qu'il n'a fait, & luy dõ-
ner vne plus longue du-
rée , qu'il n'aura ; il luy
eſtoit facile de couurir
de perles , tous les riuages de la Mer, & d'eſle-
uer iuſques aux nuïs*

des monts d'or, & d'ar-
gent, de diamans, & de
toutes sortes de pierre-
ries, ce qui n'empesche
pas qu'il ne soit vray de
dire, que pour paruenir
à la fin que Dieu s'es-
toit proposée, il estoit
impossible, qu'il fit le
Monde, plus parfait,
que nous le voyons, &
l'ordre qu'il y a estably,
ny la conduite auec la-
quelle, il le gouuerne, ne
sçauroit estre meilleure:

Cét ordre merueilleux est appellé par Trisme-giste, vne harmonie, laquelle resulte de l'intelligence, & du commun accord, qui est entre les Creatures, comme d'autant de voix qui formẽt vn delicieux concert ; Pythagore le compare à vn Luth bien dressé, & bien touché, & S. Augustin à vn vers composé de syllables longues, & breues dans le nom-

bre

Trois comparaisons de Trismegiste de Pytagore, & de S. Augustin.

Digression.

bre qu'il faut.

Et parceque nous a-
uons parlé cy deſſus de
ſes animaux aquati-
ques qui ſont les Poiſ-
ſons, il ne ſera pas hors
de propos de rapporter
icy la remarque qu'ont
faite Pline, & Ariſtote,
que le nombre en eſt
beaucoup plus grand
que celuy des animaux,
que nous voyons ſur la
terre, de quelque ſorte
qu'ils puiſſent eſtre, n'y

ayant point d'espce sur la Terre, sans que dans la mer, ou dans les autres eaux, il y en ait de pareilles, qui leur correspondent; la quantité d'œufs que l'on void dãs les entrailles des Poissons, est vne preuue visible de cette grande fécondité, dont Aristote au 3. liure qu'il a fait de la géneration des Animaux, Chapitre 11. attribuë la cause à l'humidité de l'eau, laquelle est plus propre que la Terre, à vne si grande multitude de genera-tions ; qui est vn prodi-ge, auquel on doit ioin-dre celuy de la grãdeur, & de la grosseur extra-ordinaire des Baleines, desquelles S. Basile, & Theodoret ont écrit, que quand-elles léuent le dos, au dessus des flots, on les prendroit pour de grandes Isles ; & Pline

Hinc e-tiã mul-tiformi o ra sant, quæ in humore gignun-tur, quã qua in terra. humore-nim na-turam habet ad effingen-dum ef-forman-dum quo habilio-rem quã terra, A-rist. loc. citat.

Gran-deur pro digieu-se des Balei-nes.

que dãs la mer de Linde
il y en auoit de la gran-
deur de quatre arpens
de Terre; il dit bien d'a-
uantage, qu'il entre dãs
la Riuiere d'Arabie des
Baleines, qui ont six
cens pieds de long, &
trois cens soixante de
large dequoy il cite pour
Autheur Iuba Roy de
Mauritanie, lequel il
dit l'auoir ainsi écrit
dans les liures, qu'il en-
noya à Caius Cæsar, fils

Ce Ca-
ius es-
toit fils
adoptif

d'Auguste: le méme Pli-
ne rapporte aussi qu'il
est d'autres Poißons,
qui ont deux cens cou-
dées de longueur, &
qu'il y a dans le Gange
des Anguilles, de trois
cens pieds de long.

La terre n'a rien qui
approche sur tout de la
grandeur des Baleines,
quoy que ce Naturalif-
te que ie viens de citer,
aßure qu'il est dans les
Indes des Dragons, d'v-

*d'Augu-
ste, & fils
naturel
d'Agrip
pa, & de
Iulia
fille de
cét Em-
pereur.*

*Gra n-
deur des
Dragõs
des In-
des.*

*Princi-
palemét*

ne *si* prodigieuse gran-
deur, qu'ils embraſſent,
& ſe ployent facilemĕt,
au tour des plus grands
Eléphans, qu'ils ſerrĕt,
& preſſent, comme s'ils
les tenoient, ſous vn
nœud ; que ceux d'E-
thiopie ſont de la lon-
gueur de vingt coudées,
& que les Serpĕs de Lin-
de deuiĕnent tellement
grands, qu'ils auallent
des Cerfs, & des Tau-
reaux.

*Finissons cette digres-
sion par cette remarque,
qui est des Interpretes de
l'écriture, qui ne croyẽt
pas que Dieu lors de la
creation du Monde, ait
crée de ces animaux,
que nous voyons estre
engendrés de deux dif-
ferentes especes, com-
me le Mulet l'est d'vne
Iument, & d'vn Asne,
certaine espece de Be-
lier appellé des Latins
Tytirus, engendré du*

Bouc, & de la Brebis, le Leopard de la Lyonne & du Pard, le Lynx d'vn Loup & d'vne Biche : la raison que ces Autheurs alleguent, est fondée sur la deffence que Dieu fit à son Peuple dãs le Leuitique au Chap, 19. de souffrir l'accouplement des Animaux de differentes especes, ce qui est vne marque que Dieu auoit cét accouplemẽt en horreur

Iumenta tua non facies coïre alterius generis. Leuit. c. 19.

reur ; toutefois cette o-
pinion n'est point gene-
ralement ſuiuie, y ayãt
beaucoup d'Autheurs
qui ne peuuent ſe per-
ſuader, qu'au commen-
cement du monde Dieu
n'ait point creé le Mu-
let, lequel eſtant vn ani-
mal extrémemẽt fort &
robuſte, & tres propre
pour porter de grands
fardeaux, eſt tres vtile
au ſeruice de l'hom-
me, & égale ou apro-

Opiniõ
de quel-
ques Au-
theurs
en fa-
ueur du
Mulet.

I

che de prés de l'abonté des Cheuaux.

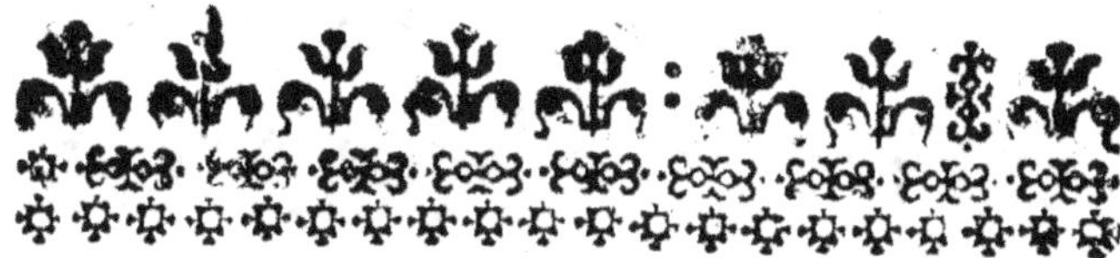

De la Rondeur de la Terre & de l'Eau.

QVESTION VI.

POVR monſtrer que la Terre eſt ronde, qui eſt la figure, que luy donnent les Phi-loſophes, comme eſtant la plus parfaite de tou-tes, il faut ſuppoſer, que, que quãd il arriue

Preuue dela rõ-deur de la terre & de l'eau.

I ii

*vne Ecclipſe de Lune
dans noſtre hémiſphere,
elle eſt veuë en meſme
heure voire en meſme
moment de tous les peu-
ples qui sõt ſous le meſ-
me Meridien, au lieu
que ſi par exemple ,
l'Ecclipſe ne nous pa-
roiſt qu'à vne heure de
nuict, elle ne ſera veuë
des Orientaux de Goa,
Malaca, ou des Phili-
pines, qu'vne, deux,
ou trois heures apres,*

La di-
uerſité
de l'heu
re du le-
uer &
du cou-

selon qu'ils seront plus ou moins proche de l'Orient, ce qui est vne marque éuidente, qu'il à esté plustost nuict, en ces contrées là, & partant que le Soleil se leue plutost aux peuples Orientaux, que non pas aux Occidentaux, ce qui ne peut prouenir que de la rondeur de la Terre.

La rondeur de l'Eau se prouue encore par le

I iij

mesme moyen de la Ter-
re ; par l'experience de
ceux qui de Lisbone
nauigent vers la nou-
uelle Espagne, & vers
d'autres contrées Occi-
dētales, à qui lors qu'ils
se sont éloignez de nous
de neuf degrés , le So-
leil se leue vne heure
plus tard, d'ou il est aisé
de conclure, que l'Eau,
& la Terre, sont de
figure ronde , que si elle
estoit plate , & égale,

il n'est rien de plus certain, que les peuples
Orientaux & Occiden-
taux verroient le So-
leil leuant, à mesme
heure, & en mesme mo-
ment.

On peut obiecter con-
tre la rondeur de la Ter-
re, que l'on void quan-
tité de Montagnes,
fort esleuées, qui ont à
leurs pieds des precipi-
ces, ce qui semble ne
pouuoir compatir auec

Obiec-
tion có-
tre la
rondeur
de la
Terre.

la rondeur de la Terre,
les parties qui compo-
sent vne chose ronde ne
deuans pas estre plus
esleuées les vnes que les
autres : l'on répond que
les plus hautes Mon-
tagnes ont à grand pei-
ne quatre mille pas de
perpĕdicule, ce qui n'est
pas considerables, cette
hauteur n'estant pas la
mille sept centiéme par-
tie, (pour parler ainsi,)
du diametre de toute la

Respô-
ce à l'ob
iection
susdite.

Terre, de qui la rondeur
n'est pas plus alterée ,
par ces éminences qui
causent ces inegalités ,
que celle d'vne balle de
jeu de paume , par les
petits poils dont elle est
conuerte en   quelques
endroits.

Du Globe de la Terre & de l'Eau.

QVESTION VII.

Preuues
qui font
voirque
la Terre
& l'eau
ne font
qu'vn
Globe.

L'VNITE' au Globe de la Terre & de l'Eau se monstre par trois raisons principales, la premiere se tire de l'experience, que l'on à, que soit que l'on fasse voyage

par *Eau*, ou par *Terre*,
ou par *Terre*, ou partie
par *Eau*, & partie par
Terre, on trouue le mefme chãgemẽt de l'heure
du leuer, & du coucher
du Soleil: d'ou il senfuit
manifeſtement, que ces
deux *Elemens* ne font
qn'vn feul *Globe*.

    L'on allegue pour fe-
conde raifon, qu'il eſt
des *Terres* qui s'auan-
cent bien loing dans la
Mer, qu'il y à mefme

Confu-
fion re-
cipro-
que de
l'eau &
de la
Terre.

des *Isles*, & que reci-
proquement la Mer
fend le sein de la Ter-
re, prenant le nom de
Mediterranée, d'A-
driatique, de Baltique,
de Persique, d'Arabi-
que, &c. Cette confu-
sion d'vn Element auec
l'autre, ne monstre el-
le pas clairement cette
vnité de Globe, laquel-
le est enfin confirmée par
la troisiesme raison sui-
uante.

La Terre & l'Eau
n'ŏt qu'vn mesme Cen-
tre, quand l'eau tom-
be d'enhaut au trauers
de l'air, elle descend
par le Chemin le plus
court, & par les mes-
mes lignes que feroit
la Terre, cherchant
le mesme Centre, dont
elles ne font ensemble,
qu'vn mesme Globe; car
ou il n'y à qu'vn Cētre,
il n'y peut auoir qu'vn
Globe, si ce n'est qu'vn

La Ter-
re &
l'eau,
n'ont
qu'vn
mesme
centre.

Globe entourât l'autre de toutes parts, ce qui ne se peut dire de l'Eau ny de la Terre.

Pour contredire cette opinion il y à des Autheurs, qui souſtiennĕt, que la Mer eſt plus haute, & plus eſleuée que la Terre, & partant (diſent ils) elles compoſent vn Globe ſeparé. Pour prouuer cet auantage de la hauteur de la Mer, par deſſus

la Terre, ils ont recours
à l'Ecriture dont ils ci-
tent plusieurs passages
mal entendus, c'est
pourquoy il est impor-
tant d'observer, que
quand dans l'Escritu-
re Dieu est loüé de con-
seruer la Terre, & d'ĕ-
pescher la Mer de sor-
tir de ses riuages, pour
la couurir de son inon-
dation & de son debor-
dement, ce n'est pas à
dire que la Mer soit

Termi-
nŭ posu-
isti quĕ
non trãs
gredien-
tur ne-
que con-
uerten-
tur ope-
rire ter-
rã Psal.
103. ve-
ni in al-
titudinĕ
Maris.
Psal. 68
Congre-
gans ſi-

toute preſte & en

eſtat de faire cet ef-
fect ſi Dieu par vn per-
petuel miracle ne repri-
moit ſes Eaux ; Mais
pluſtoſt Dieu eſt loüé,
& remercié de ce qu'a-
prés le Deluge il à fait
retirer les eaux, qui
couuroient toute la fa-
ce de la Terre, dans
des lieux bas, creux,
& profonds, & qu'en
pluſieurs endroits il à
oppoſé à la Mer de

hauts

hauts riuages, des Ro-
chers des Ecueils & des
Montagnes, & la re-
duitte dans une telle
scituation, qu'elle ne
scauroit nuire, ny fai-
re du degast sur la Ter-
re, au moins par vn
debordement vniuersel.

Et pour faire voir
que ce n'est qu'vne chi-
mere, que cette preten-
duë hauteur de la Mer,
l'on soustient que si el-
le estoit veritable, il

Il n'est
pas vray
que la
Mer soit
plus
haute,
que la
Terre.

Preuue
demon-

K

s'enſuiuroit, qu'vn Vaiſ-
ſeau partant du port,
ne deuroit pas aller ſi
viſte, que celuy qui ar-
riue, parce que le pre-
mier cinglant en Mer
monteroit allant vers
vn lieu plus haut que
la Terre, & l'autre
Vaiſſeau deſcēdroit ve-
nant de la Mer, que
l'on ſuppoſe eſtre vn
Element plus eleué,
vers la Terre, que l'on
ſuppoſe eſtre plus baſ-

*se ; ce qui seroit vn ef-
fect manifestement con-
traire à l'experience.*

Des Cieux, & com-
bien il y en à,

QVESTION. VIII.

Cæli e-
narrant
gloriam
Dei &
opera
manuũ
eius an-
nunciat
Firma-
mentum
Psal. 18.

MONTONS en
esprit de la Ter-
re au Ciel , c'est la le
superbe Palais , ou
Dieu à principalement
étably sa demeure, &
son plus auguste sejour,
c'est la que brille vne
infinité d'Astres , &

d'Etoiles, qui font tout autant de bouches éloquentes, qui d'vne voix qui fe fait entendre aux yeux & non pas aux oreilles, annoncent & publient hautement la gloire, & la magnificence de leur Createur. Il y à des Philofophes, qui ont vne fi grande opinion de la beauté des Cieux, qu'ils croyĕt que non feullement leur forme, mais encor leur

matiere est tout a fait
differente & plus noble
que celle des choses sub-
lunaires. On ne sçau-
roit dire trop de loüan-
ges de ce Chef d'œuure,
& de ce coup d'essay ,
tout ensemble : puisque
pour le mettre au iour,
Dieu détacha son bras
(pour le dire ainsi) qu'il
auoit tenu oisif durant
toute l'Eternité, & c'est
pour cette raison , qu'on
peut dire, que le Ciel

eſt l'aiſné de toutes les Creatures. L'Eſcriture rapportant ſa Creatiõ, auant celle de la Terre, des autres elemens, des Plantes, des animaux, & de l'homme meſme.

    Pour ce qui eſt du nombre des Cieux, il y à des Peres de l'Egliſe qui ſe ſont ſcandaliſés de l'opinion de ceux qui diſent qu'il en y à plus de trois, ſçauoir l'air, à qui l'Eſcriture donne

Le Ciel eſt l'aiſ des Creatures.

Ss. peres ſcandaliſés de l'opiniõ de ceux qui diſét qu'il y à plus de troi Cieux.

Volucres cæli in Pſalmis paſſim.

le nom du Ciel, se ser-
uant de cette facon de
parler, les Oiseaux du
Ciel pour dire les Oi-
seaux de l'air. C'est
pourquoy l'õ met le Ciel
de l'air, ou le Ciel Aëri-
en, pour le premier Ciel:
le second, c'est le Ciel où
sont tous les Astres, les
Planetes, & generale-
ment toutes les Etoiles,
le troisiesme, c'est le Ciel
Empyrée ; qui est le se-
iour des bien-heureux,

lequel

l'Etimo logie d'Empy rée est Grecque qui sig-nifie feu Ciel em pirée Ciel de feu.

lequel est sans doute ce-
luy iusques auquel St.
Paul assure auoir esté
rauy , puis qu'il dit
qu'il y à appris des
secrets qu'il n'est pas
permis à l'hommé de de-
clarer, & comme c'est
le plus haut Ciel de
tous, & que cet Apo-
stre le qualifie du nom
de troisiesme Ciel : les
mesmes Peres qui sont
suiuis de plusieurs The-
ologiens, ne croyent pas

que l'on doiue s'eloigner de la supputation de Saint Paul, ny soûtenir, qu'il y ait plus de trois Cieux.

A quoy repartent ceux qui en mettent vn plus grãd nombre, qu'ils ne font que diuiser le second Ciel qui est celuy des Astres en plusieurs autres Cieux pour mieux expliquer leurs cours, & leurs conuersions, qu'il y à des Phi-

losophes, & des Ma-
thematiciens, qui sont
suiuis de quelque Theo-
logiens, ou au moins n'ē
sont point contredits,
lesquels content iusques
à treize Cieux, com-
menceant comme nous
auons dit cy dessus, par
le Ciel de l'Air, &
poursuiuans par ceux
des sept Planetes, la
Lune, Mercure, Ve-
nus, le Soleil, Mars,
Iupiter, Saturne, à

chacun desquels ils dõ-
nent vn Ciel ; le neuf-
uiesme, c'est le Firma-
ment, le dixiesme, c'est
le troisiesme Mobile,
l'onziesme , le second
Mobile , le douziesme
le premier Mobile, ou
le Ciel Cristalin, & le
treiziesme le Ciel Em-
pyré , qui est le plus
haut & le plus esleué
de tous comme nous a-
uons remarqué. Il y à
des   Mathematiciens

qui en mettent encore
d'auantage, les autres
moins, il suffit d'ad-
uertir icy, que cette plu-
ralité des Cieux ne cho-
que point la Religion.

*La plu-
alité
des
Cieux
ne cho-
que
point
la Re-
ligion.*

De la Figure des Cieux,

QVESTION. IX.

Ss. Peres frã-
dalisez
de l'o-
pinion
de ceux
qui di-
sent
que la
figure
des
Cieux
est ron-
de.

SAINT Basile, Saint Chrisosto-me, Saint Theodoret, Lactence, & St. Am-broise, non seulement ont soustenu que la fi-gure des Cieux, n'estoit pas ronde, mais ont mes-me auancé que cette opinion estoit contraire

à l'Escriture, se fon-
dans sur un texte pris
du Pseaume 103. de Da-
uid, ou ce Prophete dit
que Dieu est d là haut
le Ciel comme une
peau par dessus nos te-
stes, d'ou les Peres que
ie viens de citer, tirent
cette consequence, que
les peaux n'estans pas
d'vne figure ronde, les
Cieux ne le doiuent pas
estre non plus. Mais
Saint Augustin au ch.

Exten-
dens Cæ-
lum si-
cut pel-
lem Pſ.
103.

19. *du liure second de* Genesi ad litterā, *prou-ue clairement que ces* Peres *se sont trompés, par des exemples de-mõstratifs, qu'il apporte des peaux de boucs ou l'on met de l'huile, du vin ou d'autres liqueurs, & des vessies qui sont de peaux rondes.*

Il ne faut donc point douter que la figure des Cieux ne soit ronde ; Ce qui est appuyé sur deux

raiſons principales, la
premiere eſt fondée ſur
la nature des Cieux,
leſquels eſtans les pre-
miers Corps, les plus
parfaits, & de la plus
grande contenance, &
qui roullent auec plus
de viteſſe, demandent
pareillement vne figu-
re qui ſoit la premiere,
la plus parfaite & de
la plus grande contenã-
ce, & la plus propre de
toutes, pour le mouue-

ment; qui eſt la figure
ronde, ſans laquelle les
Cieux ne pourroient pas
faire tant de mouue-
mens diuers, ny tant de
conuerſions, à moins
qu'il arriuaſt quelque
choc, & quelque de-
ſordre.

En troiſieſme lieu, la
rondeur des Cieux nous
eſt enſeignéé par Sa-
lomon, au commence-
ment de l'Eccleſiaſte,
ou il donne clairement

*Oritur
ſol &
occidit
& ad lo
cum ſu-
um re-
uerti-
tur, ib-
que re-
naſcens*

à entendre , que les Cours, & le Mouue-ment du Soleil , se fait en rond & en circuit : le Soleil, dit le Sage, se leue , se couche , & re-tourne en son lieu , & la venant à renaistre , prend son tour par le Midy & se detourne vers le Nord. C'est vn esprit qui visite l'vniuers tout à l'entour & qui retourne dans ses Cercles , qui sont

gyrat per me-ridiem & flec-titur ad Aqui-lonem lustrans Vniuer-sain cir-cuitu pergit spiritus & in circulos suos re-uerti-tur init lib. Ec-clesf.

dès termes, qui font voir éuidement; que le mouuement du Soleil dans le Ciel, est Circulaire, & partant que la figure des Cieux l'est aussi.

Du principe du mou-
uement des Cieux.

QVESTION X.

IL n'y a rien d'asseu-
ré sur ce point, quoy
que l'Escole des Stoi-
ques, des Platoniciens,
des Peripateticiens, &
la pluspart des Theolo-
giens, demeurent d'ac-
cord, que ce sont des

Raisó
des Phi
loso-
phes

pour môtrer que ce fôt des intelligences qui dōnent le mouuemens aux Cieux.

intelligences Célestes, que nous appellons des Anges, qui donnĕt aux Cieux tous leurs mouuemens : les raisons de ce Philosophes sont, que les Cieux estans des corps simples & d'vne substance vniforme, il n'est pas possible d'assigner, ny de marquer certaine partie qui doiue mouuoir les autres, plustost que d'en receuoir le mouuement. On

ne ſcauroit non plus rẽ-
dre raiſon, pourquoy les
Cieux roulent plutoſt
de l'Orient à l'Occident
que de l'Occident à l'O-
rient, ny pourquoy plu-
ſtoſt d'vn Pole à l'autre,
que de ce dernier au
premier, de plus ne
leur reuenant aucun
bien, ny aucun auan-
tage de leur mouue-
ment, ny de tant de
reïteratiõs qu'ils en font
à l'infiny, apres auoir

acheué leurs conuersi-
ons , qu'elle apparence
y auroit-il , de les ren-
dre autheurs d'vn mou-
uement, qui ne leur pro-
fite de rien.

Les Theologiens ad-
ioustent qu'il n'est point
d'autre raison natu-
relle pour prouuer la
prouidēce de Dieu, que
de dire, que la conser-
uation, & la bonne ou
mauuaise fortune de
toutes les choses sublu-

uaires

Raisōs
des
Theo-
logiens

naires, depédant prin-
cipalement du mou-
ment, & des influen-
ces des Astres, & des
Cieux, Dieu à prepo-
sé des Anges, cóme des
Ministres vigilãs pour
de si grandes actions.

Que si les Prouinces
& les Royaumes, selon
la commune opinion des
Theologiẽs, ont des An-
ges Tutelaires, pour
leur seruir de gouuer-
neurs, les Cieux qui

M

sont la principale partie
de l'Vniuers , ne doiuent
ce semble pas mãquer
de ces Intelligẽces , pour
leur donner des mouue-
mens qu'il n'est pas pos-
sible d'expliquer com-
ment ils puissent reçe-
uoir d'eux mesmes. Cet-
te opinion laquelle est
la plus probable se for-
tifie encore par quelques
passages de l'Escriture,
où il est dit, que les ver-
Virtu-
tes Cæ- tus des Cieux seront è-

meuës & que ceux qui
portent le Monde se
courbent & s'enclinent
deuant Dieu , d'où l'on
tire cette consequence,
qu'il est des Intelligen-
ces qui president à la
masse du Monde, &
qui donnent le mouue-
ment aux Cieux.

Democrite & Epi-
cure ont esté dans des
sentimens bien differés,
ayans attribué le mou-
uement des Cieux tel

M ii

lorum
moue-
buntur
Mat.
24.

sub quo
curuan
tur qui
portant
orbem
Iob c 9.

Opini-
ons de
Demo-
crite
& d'E-
picure,
tou-
chant
le mou
uemēt
des
Cieux.

qu'il est, a un pur ha-
zard qui les fait roul-
ler de l'Orient à l'Occi-
dent plutost que de ce
dernier terme, au pre-
mier : & un Disciple
de Theophraste nommé
Straton de Lampsaque,
à soûtenu que ce mou-
uement venoit d'une
force, & d'une impe-
tuosité naturelle : en effect on peut dire que
Dieu dans le moment
de la creation du Ciel,

luy imprima vn mouue-
ment perpetuel, lequel
seroit suffisant sans
qu'il fust besoin du mi-
nistere des Anges.

Des Ames que l'on attribuë aux Cieux, & aux Astres.

QVESTION XI.

Opni-s
ons de.
Philo-
sophes

*L*ES *Pythagori-*
ens, Platoniciẽs,
Peripateticiẽs, & Stoi-
ciens ont trouué que les
Cieux & les Astres,
auoient des Corps, qui
estoient trop beaux, pour

croire qu'ils n'auoient
point d'ames, ils n'ont
pû se persuader, que ce-
luy qui en à donné aux
fourmis, & aux mous-
cherons, en ait priué
les substances materiel-
les, les plus pures, &
les plus éclatantes qui
soient iamais sorties
de ses mains : ces Phi-
losophes ont donc crû,
que les Cieux, & les
Astres auoient Ame,
& vie, non pas vne A-

me vegetatiue, ny sen-
sitiue, mais vne Ame
intelligente, & raison-
nable, & tellement par-
faite, que Platō n'a pas
fait de difficulté d'en-
seigner, qu'il falloit a-
dorer les Astres, com-
me des Dieux Celestes

Origene à bien passé
plus auant, ayant dit,
non seullement que les
Astres estoient animés,
mais mesme que Iesus-
Christ estoit mort pour

leurs

leurs pechés, aussi bien
que pour ceux des hom-
mes, & que comme
eux, tantost ils s'auan-
coient, & tantost ils
s'éloignoient du chemin
de la vertu, & que
c'estoit à eux que Dieu
auoit imposé le ministe-
re du mouuement des
Cieux, pour le seruice
des hommes, laquelle
fonction, ils deuoient
cesser, apres le iour du
Iugement.

N

Saint Augustin au deuxiesme liure de Genesi ad litteram Chap. 18. propose cette question, mais il ne la decide pas, & dans l'Enchiridion au Chapitre 58. il dit, qu'il ne sçait rien d'asuré la dessus, sçauoir si les Astres, ont ame, & sentiment, & s'ils font partie de la societé des Anges bien-heureux.

Saint Thomas dans

De S. Augustin.

Sed nec illud quidem certum habet vtrum ade an dem societatĕ pertineant sol & cuncta sydera quãuis nõnullis sydera cor-

trois differents endroits,
entre autres dans les
Opuscules, ou il trait-
te des Anges, au Cha-
pitre 2. adhere à l'o-
pinion d'Aristote, que
les Cieux ont une vraye
ame intelligente, mais
dans la premiere par-
tie, de la Somme The-
ologique, question 70.
article 3. il à changé de
sentiment, ayant recon-
nu, que pour rendre
raison du mouuement

N ij

poræ es-
se non
cũ sen-
su vel
intelli-
gentia
vidẽã-
tur Au-
gust. lo-
co cita-
to.

De St.
Thom.
& d'A-
ristote.

Cieux, il n'estoit pas necessaire de dire qu'ils estoient animes ce mouuement leur pouuant prouenir par des principes du dehors tels que sont les Anges.

Scot au deuxiéme liure des Sentences, distinction 14. dit nettement qu'il est plus aisé de croire, que les Astres ne sont pas animés que de le prouuer, pourtant l'opinion commu-

ne des Theologiens, est que ny les Cieux, ny les Astres n'ont aucune ame, soit vegetatiue, sensitiue, ou intelligente; Et pour ce qui est des sentimens d'Origene, ils furent condamnés au Concile de Chalcedoine.

quel fut tenu sous le Pontificat de St. Leon i. du nõ, & sous l'Empire de Marcian, l'ã 451

l. 2 sentent. dist 14. quest. i.

Ce Cõcile est le 4. General ou Occumenique le-

Des Eaux qui sont au dessus du Firmament.

QVESTION. XII.

Fiat Firmamentŭ & diuidat aquas ab a- quis. Genes. c. I.

QVE l'Escriture est difficile à entendre, & qu'il faut peu de mots, pour donner bien de la peine à tous ses Interpretes, Moyse à dit au premier Chapitre de la Genese, que Dieu auoit étably le Firmament au milieu des Eaux pour ſeparer celles qui ſeroient au deſſus d'auec celles d'embas qui ſont nos Eaux Elementaires : D'ou il s'enſuit maniſeſtement que Dieu à placé des Eaux au deſſus du Firmament.

C'eſt ce qu'Origene n'ayant peu comprẽdre, que des Eaux quiſõt naturellement fluides & coulãtes, puſſent eſtre ſi-

Opiniond'Origene

tuées au deſſus du Fir-
mament, lequel eſt de
figure ronde, & partant
qui n'eſt pas propre à
ſupporter une grande
quantité d'Eaux, à en-
tendu des Anges, ce
qu'a dit Moyſe de ces
Eaux ſuperieures ; en
laquelle interpretation,
ce Pere Grec s'eſt crû
bien fondé ſur un Ver-
ſet du Pſeaume de Da-
uid, ou les Eaux qui
ſont au deſſus des Cieux

font conuiées à loüer
le nom du Seigneur,
à quoy Saint Basile à
fort bien répondu, qu'il
n'y auoit point d'impos-
sibilité à alleguer contre
ces Eaux, parce que
quoy que la superficie
du Firmament, laquel-
le paroist à nos yeux soit
concaue, il ne sensuit
pas, que celle que nous
ne voyons point le doiue
estre: d'ailleurs l'on peut
adiouster qu'il n'est pas

Aquæ omnes quæ super Cælos sunt laudent nomen Domini.

Cette superficie est appellée des Latins superficies conuexa.

neceſſaire que ces *Eaux* là ſoient coulantes, & qu'elles peuuent auoir la ſolidité de la glace & du *Criſtal* : d'ou vient que quelques *Theologiẽs* & *Philoſophes* appellent cette *Maſſe d'Eaux* le *Ciel Chryſtallin.* Et pour ce qui eſt du paſſage tiré du *Pſeaume* ſuſdit, l'on replique à *Origene*, que quoy que les *Eaux*, que l'*Eſcriture* dit eſtre au

Ciel Cryſtallin.

Explication d'vn paſſage difficile de l'Eſcriture.

deſſus des Cieux , ne
ſoient capables de chan-
ter les loüãges de Dieu,
on ne laiſſe pas pour-
tant de les y conuier,
auec le meſme zele, qui
fit autrefois addreſſer
les enfans Hebreux à
toutes les autres Crea-
tures pour la meſme fin,
à la Neige, à la Greſle,
& aux Brutes meſme.
Il eſt donc euident qu'il
n'y à pas lieu d'enten-
dre les Anges ſous le

nõ des Eaux que Dieu à placées au Firmament Saint Iustin Martyr, Saint Basile, Saint Ambroise, & Philon, & Iosephe, les plus doctes de tous les Iuifs, qui ayent escrit, ont crû deuoir s'attacher au sens de la lettre, & ont esté dans ce sentiment, qu'au dessus du Ciel des Estoiles, que l'on appelle le Firmamēt il y auoit des Eaux

Opiniõ de quelques Ss. Peres chāt ces Eaux

vrayes & naturelles
pour seruir à deux fins:
la premiere pour tem-
perer la trop grande
ardeur des Astres, la se-
cõde afin que ces Eaux
chargeant par leur pe-
santeur le dos du Ciel,
l'assurassent & l'affer-
missent contre les se-
cousses & les agita-
tions des vents.

Cette opinion pour
grands & intelligens
que soient les Autheurs

n'a pourtãt point agreé à quelques Interpretes, qui sont venus apres eux, lesquels y ont trouué cet inconueniĕt, que les Eaux destinées pour le rafraichissemĕt de la trop grande chaleur des Astres, agissant sur eux par le moyen de leur froideur, pourroient peu à peu les alterer & les corrompre, de quoy pourtant depuis la naissance du

Monde l'on n'a veu au-
cune marque, n'y ayăt
eu aucune variation,
ny dans la lumiere ny
dans les influences des
Astres qu'il y ayt lieu
d'attribuer à cette cau-
se, ou bien y ayant vn
combat continuel & re-
ciproque entre les deux
contraires, comme dit
Aristote, ces Eaux ve-
nans à se ressentir par
vn effet de leur voisina-
ge de la chaleur des

tres , ne s'échaufferoiët
elles pas elles mesmes
& ne se rendroient elles
point inutiles, pour la fin
que Dieu se seroit propo-
sèe en les éleuant ainsi
au dessus des Cieux?

Pour éuiter ces in-
conueniens , ces Inter-
pretes prenans aduan-
tage tant du mot he-
breu, que les Latins ont
tourné par celuy de Fir-
mamët, lequel mot he-
breu signifie vne gran-
de

de étenduë : que de ce
que dit Moyſe, que les
oyſeaux voloient ſous le
Firmamẽt du Ciel, ont
ſouſtenu, que le Firma-
ment dans le ſens de
Moyſe, cõprenoit tout
ce grand eſpace d'air,
qui eſt tout autour de
la terre iuſques au Ciel,
& iuſques aux Aſtres
tout autant que la veuë
ſe pûst eſleuer ; & ont
diuiſé le Firmament
ainſi par eux définy.

ram ſub
Firma-
mento.
Cæli Ge-
neſ. Cap
I. ad ver
bũ He-
braic. eſt
in ſuper-
ficie vel
ſuper fa-
ciem Fir
mamen-
ti Cæli.

O

en deux parties, la Su-
perieure , qu'ils difent
eſtre occupée par les
Cieux, & par les Aſ-
tres , & l'Inferieure ,
qu'ils ſoûtiennent pa-
reillement eſtre la pla-
ce des Elemens du Feu,
& de l'Air. Cela preſu-
poſé en prenant cet eſ-
pace d'Air, qui eſt au
deſſous de la moyenne
Region, où ſe forment
les pluyes , pour vne
partie baſſe du Firma-

ment, il n'est rien de plus aisé, que de comprendre, que le Firmament est au milieu des Eaux, ayant au dessus de luy les Celestes, qui sont les pluuiales, & au dessous les Terrestres qui sont dans les Mers, dans les Riuieres, & dans les autres parties de la Terre : Et la façon de parler de l'Escriture, qui conuie les Eaux, qui sont au dessus des

Les Eaux que l'Escriture dit estre au dessus du Firmament sont... Eaux Pluuiales qui sont éleuées par le Soleil à la moi

ne re-
gion de
l'Air.

Cieux, à louër le nom du Seigneur, ne peut pas nuire à cette interpretation, parce que la langue Hebraïque que la version latine a suiuie dans ce texte, n'ayant point de singulier pour signifier le Ciel, non plus que cette derniere langue, pour signifier la Ville d'Athe- *Athenæ* nes, ny de Venise, il ne *Venetia* s'ensuit point, de ce nõbre pluriel des *Cieux*,

que ces Eaux doiuent
eſtre placées aillieurs
que dans la moyenne
Region de l'Air, laquel-
le eſt cette baſſe partie
du Firmament, à qui
l'Eſcriture dõne le nom
de Ciel.

C'eſt ainſi, que ces
Interpretes ont crû ſe
tirer mieux de la diffi-
culté qui ſe rencontre
dans l'explication de la
qualité, & du vray
lieu, de ſcituation de

FIN.